OUI,

C'EST

LE FILS DE LOUIS XVI!

PAR

A. GOZZOLI.

Que demande-t-il ?
Son nom,
Le titre de citoyen français.

PRIX : 1 FR., ET 25 CENT. EN SUS POUR LES DÉPART.

A PARIS,

CHEZ LES PRINCIPAUX LIBRAIRES.

JUILLET 1836.

AVERTISSEMENT.

Ma brochure était faite, quand un événement hors de toutes les prévisions, et qui paraissait hors de toutes les possibilités, est venu m'obliger de la faire précéder de quelques mots.

Un homme que ses longs malheurs et sa haute naissance ont rendu l'objet de l'intérêt le plus vif, un homme dont la liberté était respectée depuis plus de trois ans qu'il habite Paris, a été arrêté à son domicile, deux jours après que le tribunal de première instance de la Seine venait d'être saisi de sa requête en reconnaissance d'état.

Cette nouvelle épreuve l'a trouvé ce qu'il s'était montré dans toutes les infortunes de sa vie : plein de cette dignité calme que donne une conscience pure et le sentiment du bon droit.

Quel délit lui impute-t-on ? Aucun. Son arrestation est

donc un acte de haute police ; tranchons le mot : c'est une lettre de cachet accordée aux sollicitations de Prague.

Les avocats du prisonnier se sont adressés successivement au préfet de police, au ministre de l'intérieur et au garde des sceaux pour obtenir sa liberté. Ils ont protesté au nom de la liberté individuelle violée, de la justice dont on arrête le cours, de la magistrature qu'on insulte en lui arrachant un justiciable ; et non seulement leurs démarches sont restées infructueuses, mais le ministère répondant à ces protestations légitimes par un surcroît de violence, a donné l'ordre d'expulser leur client de France.

Et pourquoi ces mesures inouïes contre un homme paisible ? C'est parce qu'il vient de tenir sa parole en redemandant aux tribunaux le nom qui lui appartient ; c'est parce qu'il a invoqué l'équité des juges contre l'iniquité de sa famille ! Et les ministres d'un roi populaire, eux dont le premier devoir est de prêter main-forte à la justice et à la loi, s'érigent en complices des persécutions de cette famille dénaturée !

Toutes les opinions doivent se montrer unanimes à protester contre un arbitraire aussi brutal. Il s'agit de savoir si nous vivons en Turquie ou en France ; si les garanties les plus sacrées ne sont qu'illusoires ; si les lettres de cachet sont ressuscitées ; si c'est un crime de demander des juges, et s'il suffit qu'un citoyen réclame la protection de la loi pour que le pouvoir le mette hors la loi.

––––––––––

Quand un événement dont les résultats peuvent être des plus graves soit dans le présent, soit dans l'avenir ; quand un événement dont la certitude exigeait la constatation des plus authentiques témoignages, a été entouré à dessein d'épaisses ténèbres par les gouvernans d'un pays, l'esprit le moins soupçonneux se surprend à douter de sa réalité ; ces doutes, propagés dans la multitude, acquièrent de la consistance ; l'incrédulité fait des prosélytes, elle grandit à vue d'œil ; si pendant un long espace de temps des faussaires sont mis en jeu par la mauvaise foi pour jouer le rôle de la vérité, grâce à leurs criminelles manœuvres l'obscurité s'épaissit ; la foule légère laisse tomber dans l'oubli les hommes et les choses ; et les observateurs attentifs, replongés sans cesse dans une mer d'incertitudes, se lassent de chercher cette vérité. — Tel est l'effet qu'a produit en France et ailleurs l'existence annoncée du duc de Normandie, à la suite des nombreuses impostures qui ont été suscitées tant de fois pour égarer l'opinion publique et rendre invraisemblable le fait constant néanmoins de cette existence mystérieuse.

Mais, la vérité long-temps méconnue finit par avoir ses jours de triomphe ; elle brille tôt ou tard, à la confusion des coupables et à l'étonnement des dupes. Le prince qu'un acte public a déclaré mort, va se présenter devant les tribunaux de son pays, armé d'une masse de preuves matérielles et morales. Sorti par miracle des cachots de Napoléon, échappé plus d'une fois aux embûches des émissaires de Louis XVIII, couvert des cicatrices imprimées naguère sur sa poitrine par le poignard de quelques assassins politiques, il vient, après une succession de vicissitudes inouies, demander à des magistrats, son nom, ses titres et la jouissance de ses droits civils.

Celui qui écrit ces lignes n'appartient pas au parti légitimiste : un abîme sépare ses sympathies des sympathies de la légitimité. Ce qu'il est, il le dirait hautement, avec franchise, si les lois de septembre n'étaient là pour enchaîner sa plume. Il laisse à la sagacité du public le soin de suppléer à ses réticences forcées. Il est persuadé que ses lecteurs l'ont compris, qu'ils ont déjà prononcé le mot que des lois protectrices lui défendent de tracer. Il n'en dira pas davantage sur ce sujet. Ce n'est donc pas une œuvre politique qu'il entreprend, mais une œuvre de probité et de conscience. L'opinion à laquelle il s'honore d'appartenir est une opinion généreuse ; elle n'établit pas de catégories dans le bon droit ; elle prête son égide à tous les opprimés indistinctement : et, s'il élève la voix en faveur du fils de Louis XVI, lui, amant de la démocratie, c'est qu'il croit que les infortunes du fils d'un roi malheureux, d'un roi mort sur l'échafaud, sont aussi respectables que celles d'un autre citoyen. Sa mission est toute volontaire. Il n'ignore pas qu'à l'apparition de ce petit nombre de pages, son zèle officieux sera tourné en ridicule par les niais, ses intentions dénaturées ; il sait qu'il va voir s'élever contre lui les risées de l'ignorance et les clameurs de la sottise : mais des considérations d'une telle nature ne sauraient l'émouvoir. Il n'accepte pour juges que ces esprits impartiaux qui discutent froidement une thèse sans se laisser préoccuper par de petits préjugés ou de petites passions. Guidé par une conviction profondément sentie, il dira ce qu'il croit ; il expliquera sur quelles bases repose sa croyance : préparé aux objections diverses qui l'attendent, il les traitera selon leurs mérites, c'est-à-dire, qu'il aura pour elles du dédain quand elles seront misérables, des réponses sérieuses quand elles seront graves.

Pour les hommes qui lisent l'histoire comme des machines, pour les hommes qui ont puisé leurs croyances dans les livres des biographes à la solde de Louis XVIII et de Charles X, le duc de Normandie est bien mort : c'est là un fait constant, irrécusable. Comment pourraient-ils en douter ? on l'a dit, on l'a écrit, on l'a imprimé ! Un acte de décès l'a rayé à jamais de la liste des vivans, et il y a plus de quarante ans de cela. Que vient-il aujourd'hui protester contre cet acte ! N'est-ce pas absurde ? Est-ce que ses prétentions à l'existence ne font pas rire, devant la déclaration contraire inscrite sur les registres mortuaires de la municipalité parisienne ? Il se dit vivant ! Allons donc, quel conte ! comme si nos quarante dernières années n'étaient pas là pour le démentir ; comme si les frères de son père n'avaient pas occupé l'un et l'autre le trône de France ; comme si ces deux monarques consciencieux se seraient permis de ceindre la couronne, s'ils n'avaient su leur neveu bien et dûment trépassé ; en un mot, comme s'il n'était pas mort et enterré dans l'opinion de l'Europe entière ! — Voilà ce que répondent les adversaires de l'existence du prince, voilà comment raisonnent l'ineptie et la mauvaise foi. — Mais pour ceux qui ont lu l'histoire avec les yeux de l'intelligence ; pour ceux qui ont l'habitude de peser les choses dans la balance de la raison ; pour ceux dont le regard investigateur a interrogé les moindres circonstances qui ont précédé, accompagné et suivi le prétendu décès du 8 juin 1795 ; pour ceux qui ont consulté les nombreux documens qui existent sur cette affaire mystérieuse , qui ont fait un appel à la conscience des hommes politiques tout-puissans en 1795 , pour ceux-là , il n'y a ni doute , ni incertitude : le fils de Louis XVI a été sauvé du Temple , un enfant lui a été substitué.

Cependant , confessons-le avec franchise : cette vérité si lumineuse pour le lecteur clairvoyant, n'a fait , jusqu'à ce jour, que peu de prosélytes dans les masses. Qu'on ne s'en étonne pas : le peuple lit peu et superficiellement. Qu'un historien lui affirme un fait, qu'une longue tradition vienne le lui confirmer, et le peuple croira : car il ne peut partir d'aucune base pour se montrer incrédule. Il n'ira pas remonter à la source ; il ne cherchera pas à examiner de près : parce qu'il n'en a ni les moyens, ni le loisir, ni la volonté. Il ignore , lui, quel a été le but secret de l'écrivain dont il parcourt le livre avec insouciance ; il ne sait pas si tel biographe du duc de Normandie, si M. Eckar, par exemple , n'a écrit qu'en courtisan, pour fausser l'histoire au profit de Louis XVIII, pour revêtir un mensonge des couleurs de la vérité , pour donner par des phrases adroites la sanction de la légitimité à un pouvoir illégitime.

Le peuple, je le répète, n'examine rien, ne sait rien de tout cela : on lui dit, et il croit ; il lit , et il croit de plus belle. C'est cette crédulité aveugle qu'il importe avant tout de combattre, c'est elle qu'il faut attaquer corps à corps.

Le fils de Louis XVI, proscrit pendant tant d'années, réduit au silence pendant une longue et violente oppression , entrevoit enfin des jours plus heureux. Il a pu toucher le sol de la France ; il s'est adressé aux tribunaux français. Une instruction judiciaire se poursuit activement ; et bientôt le grand jour de la publicité éclairera la question la plus importante qui ait été soumise à des juges.

Je ne viens pas anticiper sur ce jour par une plaidoirie inopportune ou des révélations prématurées. Je n'écris qu'une simple brochure et je serai bref. Plus tard, ceux qui ont mission de parler, parleront, et le voile se déchirera tout entier devant la justice. Aujourd'hui je ne puis qu'en lever un coin. Mon but est de faire comprendre au public toute la gravité des débats qui se préparent et d'en obtenir une attention religieuse. Je puis aussi demander cette attention impartiale pour moi-même ; car, je ne m'adresse ni aux passions, ni à la sensibilité, ni à l'enthousiasme ; c'est la raison seule, c'est la froide raison que j'invoque, c'est sur elle que je compte pour jeter dans les esprits les élémens d'une conviction qui est la mienne.

Examinons ce décès du 8 juin : voyons comment il est raconté par l'organe officiel du gouvernement républicain.

Paris et la France étaient tenus dans une ignorance presque absolue du sort des enfans de Louis XVI ; on connaissait leur captivité au Temple, mais c'était tout. Jamais de détails sur l'intérieur, sur l'existence de ces jeunes victimes. La presse, muette à leur égard, ou ne savait rien, ou ne pouvait rien dire. Tout-à-coup le silence est rompu ; et un membre du comité de sûreté générale vient apprendre au monde que le Dauphin a cessé de vivre.

Le 21 prairial an III (9 juin 1795) le député Sévestre monte à la tribune de la Convention, et fait le rapport suivant :

« Citoyens : depuis quelque temps, le fils de Capet
« était incommodé par une enflure au genou droit et au
« poignet gauche ; le 15 floréal, les douleurs augmen-
« tèrent, le malade perdit l'appétit et la fièvre survint.
« Le fameux Desault, officier de santé, fut nommé pour
« le voir et pour le traiter ; ses talens et sa probité nous
« répondaient que rien ne manquerait aux soins qui sont
« dus à l'humanité.

« Cependant la maladie prenait des caractères très
« graves. Le 16 de ce mois (4 juin 1795), Desault mou-
« rut. Le comité nomma pour le remplacer le citoyen
« Pelletan, officier de santé très connu, et le citoyen
« Dumangin, premier médecin de l'hospice de santé, lui
« fut adjoint. Leur bulletin d'hier, onze heures du matin,
« annonçait des symptômes inquiétans pour la vie du ma-
« lade ; et à deux heures un quart après midi, nous avons
« reçu la nouvelle de la mort du fils de Capet.

« Le comité de sûreté générale m'a chargé de vous en
« informer. Tout est constaté : voici les procès-verbaux
« qui demeureront déposés à vos archives. »

Je pars de cette pièce officielle pour démontrer le
plus clairement et le plus succinctement qu'il me sera
possible ;

Que ce simulacre de rapport ne mérite nulle créance ;
qu'il est en contradiction avec le procès-verbal d'autopsie
dressé par les docteurs qui ont soigné le défunt ; qu'il en
impose, et par ce qu'il dit, et par ce qu'il ne dit pas ;

Que les termes du procès-verbal d'autopsie, sont tout-
à-fait contraires à l'identité de l'enfant mort au Temple
avec le fils de Louis XVI ;

Que l'acte de décès du 12 juin doit être considéré
comme un faux ; que l'esprit de la loi y est falsifié, son
texte violé ;

Que le gouvernement républicain a prouvé par ses
actes postérieurement au 8 juin 1795, qu'il était convaincu
de l'existence du duc de Normandie ;

Que les Bourbons de la branche déchue n'ont pas reconnu pour leur parent l'enfant décédé au Temple.

Je reviens au rapport de Sévestre.

C'est, selon ce rapport, le 8 juin, à deux heures un
quart de l'après-midi, que la nouvelle de la mort du
prince est arrivée au comité de sûreté générale. Cette

assertion officielle est bien étrange, en présence du procès-verbal d'autopsie des docteurs Pelletan et Dumangin.
C'est à trois heures, disent ces deux médecins, appuyés
de l'autorité des commissaires du Temple, que l'enfant a
rendu le dernier soupir : c'est à trois heures, entendez-
vous ? et le comité de sûreté générale qui siégeait aux Tuileries, à une distance considérable du théâtre de l'événement, affirme que la nouvelle lui en est parvenue à deux
heures un quart ! Si MM. Pelletan et Dumangin, si les
commissaires du Temple ont dit vrai (et leur version est
la seule digne de foi), il faut nécessairement en conclure
que l'organe du comité, que le comité lui-même a menti.
Car, en faisant aux probabilités la part la plus étroite,
en calculant le temps nécessaire pour constater la réalité
du décès par le refroidissement et l'immobilité du corps ;
le temps nécessaire pour franchir la distance du Temple
aux Tuileries, il est impossible que le gouvernement ait
été informé avant quatre heures. On comprend combien
la précision des dates est importante pour établir la vérité
dans une question de cette nature. Mais, cette exactitude
minutieuse de faits et de détails n'était nullement nécessaire au gouvernement de la Convention : il savait que
l'envie de discuter son rapport ne viendrait à personne,
il ne craignait pas la contradiction.

Aussi, quelle brièveté, quelle insouciante incurie dans
les termes ! Le seize *de ce mois Desault mourut.* Oui, mais
de quel genre de mort ? est-ce à la suite d'une maladie de
quelque durée ? on doit le supposer naturellement; le
comité veut sans doute qu'on le suppose, puisqu'il se tait
là-dessus. — Et le pharmacien Choppart, qui donnait des
remèdes à l'enfant, et qui, par une coïncidence inexpli-
cable, mourut en même temps que son ami Desault, on le
passe sous silence ; on se garde bien d'apprendre au public qu'ils sont morts subitement l'un et l'autre, morts le

même jour, comme frappés de la foudre, au sein d'une brillante santé.

Cependant ces détails, dont le rapport s'abstient, étaient de la plus haute gravité. Le gouvernement qui, de son chef, et sous sa seule responsabilité morale, avait condamné un malheureux orphelin à une longue et cruelle détention, était comptable envers le pays du sort de cet orphelin ; il devait à la France le récit fidèle des moindres circonstances qui se rattachaient à sa destinée ; il se devait à lui-même d'anéantir par des explications lucides les bruits accusateurs qui commençaient à se répandre.

Desault meurt, sans qu'on puisse dire de quelle mort ; il est inhumé précipitamment ; et, chose incroyable, aucune note relative à la mission de confiance qu'il a reçue ne se retrouve dans ses papiers ; aucune trace des rapports qu'il adressait chaque jour au comité de sûreté générale n'est recueillie par sa famille : tout a disparu.

Tout est constaté, dit en terminant le député Sévestre · *Voici les procès-verbaux qui demeureront déposés à vos archives.*

Qu'y a-t-il de constaté dans ce rapport laconiquement dérisoire, si ce n'est l'intention manifeste de ne rien dire ? et une pareille pièce serait considérée comme un témoignage authentique ! Quels sont les procès-verbaux dont on parle, qu'on montre à l'assemblée, mais dont on se dispense de donner lecture ? Des procès-verbaux ? il n'en existait pas encore : car, le procès-verbal d'autopsie, l'acte d'autorisation pour inhumer, l'acte de décès sont tous trois postérieurs au rapport de Sévestre ; et plus tard, quand on fera des recherches dans les archives de la Convention, pour y retrouver ces prétendus procès-verbaux, il sera impossible de mettre la main sur un seul.

J'examinerai bientôt quel intérêt pouvait avoir le comité de sûreté générale à se montrer si sobre d'explications sur le trépas subit du docteur Desault : je dirai comment cet estimable médecin et le pharmacien Choppart sont morts ; je dirai pourquoi ils sont morts.

Je poursuis :

Les termes du procès-verbal d'autopsie, dressé par les docteurs Pelletan et Dumangin, sont tout-à-fait contraires à l'identité de l'enfant mort au Temple avec le fils de Louis XVI.

Desault appelé au Temple vers le milieu de mai pour donner des soins au jeune prince, connaissait déjà son malade ; il l'avait vu avant sa captivité. On l'introduit dans la prison, on le met en présence de l'enfant. Si ce n'est pas le fils de Louis XVI et de Marie-Antoinette qu'il a sous les yeux, le docteur parlera ; il divulguera la fraude ; car il est incapable de s'en faire sciemment le complice. Son caractère plein d'honneur, l'estime qui l'environne ne permettraient pas d'attendre de lui cette lâche complaisance.

Voyons maintenant si messieurs Pelletan et Dumangin étaient dans les mêmes conditions, s'ils réunissaient les mêmes titres à la confiance générale.

Desault meurt ; ils sont nommés pour le remplacer, et jamais ils n'ont vu le prince ; ses traits leur sont inconnus : c'est ce qui résulte de l'aveu qu'ils ont fait depuis, aveu recueilli par des témoins respectables ; c'est ce qui est démontré encore plus clairement par leur procès-verbal d'autopsie.

Extrait du procès-verbal d'autopsie dressé à la tour du Temple, le 21 prairial an III (9 juin 1795), par les docteurs Pelletan, Dumangin, Jeanroy et Lassus.

« Arrivés tous les quatre à onze heures du matin à la « porte extérieure du Temple, nous y avons été reçus par « les commissaires qui nous ont introduits dans la tour. « Parvenus au deuxième étage, dans un appartement,

« dans la seconde pièce duquel nous avons trouvé dans un
« lit le corps mort d'un enfant qui nous a paru âgé d'en-
« viron dix ans, QUE LES COMMISSAIRES NOUS ONT DIT être
« celui du fils de défunt Louis Capet, ET QUE DEUX D'ENTRE
« NOUS ONT RECONNU POUR ÊTRE L'ENFANT AUQUEL ILS DON-
« NAIENT DES SOINS DEPUIS QUELQUES JOURS, les susdits com-
« missaires nous ont déclaré que cet enfant était décédé la
« veille, vers trois heures de relevée, etc. »

Est-ce ainsi, je le demande, qu'auraient dû parler des
témoins si bien instruits, des médecins qui avaient soigné
le prince? pourquoi ce langage plus que circonspect?
pourquoi ces phrases dubitatives?

QUE LES COMMISSAIRES NOUS ONT DIT !

Ils vous l'ont dit? mais ne le saviez-vous pas déjà? qui
pouvait le connaître mieux que vous, ce malade dont vous
aviez soulagé les douleurs, dont vous aviez suivi l'agonie
pas à pas? Pourquoi vous décharger sur les commissaires
du soin de certifier son identité; pourquoi vous défendre
de la certifier vous-mêmes?

ET QUE DEUX D'ENTRE NOUS ONT RECONNU POUR ÊTRE L'EN-
FANT AUQUEL ILS DONNAIENT DES SOINS DEPUIS QUELQUES JOURS.

Ont reconnu pour qui ? pour le fils de défunt Louis Capet? non pas : mais pour l'enfant auquel ils donnaient des
soins depuis quelques jours, ce qui est bien différent. Mais
s'ils avaient vu le prisonnier antérieurement à sa maladie,
à sa captivité, s'ils pouvaient déclarer dans leur âme et
conscience qu'il est le fils de Louis Capet, ils le feraient
sans détour; leur langage dicté par une certitude positive
serait positif comme elle.

A cette réflexion si naturelle, j'ai répondu d'avance :
j'ai dit qu'avant de remplacer Desault, qu'avant d'entrer au Temple, les docteurs Pelletan et Dumangin n'a-
vaient jamais vu le duc de Normandie.

Il n'a donc pas parlé à ces messieurs pendant leurs visites ; il n'a donc rien dit qui pût les convaincre de son identité morale ? Il faut le croire. Je vais plus loin ; je dis que s'il a parlé, ses paroles ont révélé la fraude. — Voyez-vous d'ici les docteurs attérés de leur découverte ? les voyez-vous placés dans l'alternative de se taire ou d'accuser le comité de sûreté générale de fraude ? Sentez-vous quel effroi légitime leur a fait une loi du silence, quelle leçon salutaire ils ont puisée tout-à-coup dans les morts récentes et simultanées de Choppart et de Desault ? Et maintenant commencez-vous à comprendre les affirmations semi-négatives, les phrases entortillées de leur procès-verbal ?

Oui, l'évidence frappe ici tous les esprits ; et devant la justice, plus d'un témoignage viendra à l'appui de l'évidence.

Desault est mort assassiné ; Choppart est mort assassiné ; ils sont morts tous les deux victimes d'une probité trop rigoureuse. A l'aspect de cet enfant inconnu, mourant, substitué au jeune prince qu'ils connaissaient, ils n'ont pas compris que le gouvernement, surpris par l'évasion de son prisonnier, voulait en dérober la connaissance au monde : on leur demandait la promesse d'une complicité tacite ; ils l'ont refusée, et leur refus a dicté leur sort ; et ils sont descendus dans la tombe offerts en holocauste à une effroyable nécessité, sacrifiés aux besoins d'une politique réduite à recourir au meurtre pour garder ses secrets.

Si tout ceci n'est que présomption, va-t-on dire, une présomption ne suffit pas pour convaincre.

Elle suffit du moins pour commander le doute, pour arrêter les jugemens précipités, pour inviter les gens de bonne foi à s'entourer de lumières. C'est ce que nous ne cessons de demander ; c'est ce que nous appelons de nos vœux, nous dont la conviction fut rebelle comme la vôtre. Nous ne disons pas : *Il faut nous croire sur parole!* nous prions qu'on examine. Ayez de la défiance, mais ayez de

la bonne foi. Vous désirez des preuves, beaucoup de preuves? on vous en donnera d'irrésistibles. Chaque chose
viendra en son temps : l'évasion du prince, l'assassinat du
docteur Desault, tout sera prouvé. L'année 1795 n'est
pas si loin de nous : il existe des hommes qui ont vu, qui
ont entendu, qui ont été acteurs eux-mêmes. Retenus encore par un serment sacré, leur langue se déliera dans
l'enceinte du tribunal civil; ils transporteront l'auditoire
par la pensée sous les voûtes inaccessibles du Temple ; ils
lui retraceront les alternatives d'espoir et de crainte, les
angoisses de cette nuit mémorable où le dernier rejeton
d'une famille royale décimée par l'échafaud vit ouvrir par
des mains dévouées les portes de la prison où s'éteignait
son enfance.

Quant au meurtre de Desault, il n'est guère possible
de le révoquer en doute devant les nombreux documens
qui le constatent. Je n'en citerai qu'un que je prends au
hasard. Voici ce qu'on lit dans une brochure publiée en
1831, par M. Labréli de Fontaine, ancien bibliothécaire
de feu la duchesse douairière d'Orléans :

« M. Abeillé, élève en médecine, sous le docteur
« Desault, à l'époque de sa mort violente, a déclaré à
« qui a voulu l'entendre en France et aux États-Unis, où
« il s'est réfugié depuis, que l'assassinat de ce docteur
« suivit immédiatement le rapport qu'il fit que l'enfant
« qu'on venait de lui présenter n'était pas le Dauphin
« qu'il connaissait parfaitement. *L'Abeille américaine,*
« rédigée par M. Chaudron, mentionne ce fait dans un
« article inséré en 1817. Madame Delisle, habitante de
« New-York, et actuellement à Paris, a déclaré avoir
« entendu raconter cette anecdote par M. Abeillé lui-
« même, et avoir en outre lu l'article précité dans le
« journal américain. »

Ici se présente une objection spécieuse :

Quoi! parce que les comités auront vu le fils de Louis XVI échapper de leurs mains, ils mettront à sa place un simulacre de lui-même, ils imposeront aux médecins la reconnaissance de ce simulacre; et parce que la conscience des médecins aura reculé devant la complicité de cette substitution coupable, le pouvoir descendra à l'assassinat pour en assurer le succès! comme s'il n'était pas plus simple d'avouer tout haut l'évasion du prisonnier! comme si la faute n'en retombait pas tout entière sur la négligence ou la corruption de ses gardiens!

Ceux qui raisonneraient ainsi seraient loin de comprendre la position des gouvernans de 1795. Dans un temps où l'insurrection était presque en permanence, où le moindre prétexte suffisait pour pousser les flots d'une multitude armée jusque dans le sein de la Convention, l'aveu de l'enlèvement du Dauphin pouvait devenir le signal d'un violent orage. Ces fauteurs d'anarchie soldés par les puissances étrangères pour porter Paris à tous les excès, ces démagogues effrénés qui hurlaient dans les clubs et sur les places publiques la demande d'une assemblée de cinq millions de délibérans, auraient-ils manqué cette occasion d'incriminer le pouvoir? — *Le louveteau était déchaîné; la nation trahie; la patrie en danger! Le gouvernement comblant la mesure de ses attentats liberticides venait d'ouvrir la prison du fils de Capet, de l'envoyer pour drapeau de ralliement aux brigands de la Vendée!*

Non, le gouvernement était dominé par une nécessité impérieuse; il ne pouvait pas, il ne devait pas confesser l'évasion d'un otage si précieux! Si l'on en veut la preuve la plus forte, je la puiserai dans un fait sans réplique : dans cette proposition de bannissement renouvelée plusieurs fois à la tribune de la Convention nationale et toujours repoussée à l'unanimité.

J'arrive à l'acte de décès du 12 juin 1795, je le transcris en son entier.

PRÉFECTURE DU DÉPARTEMENT DE LA SEINE.

Etat civil.

VILLE DE PARIS. — MUNICIPALITÉ DE PARIS.

EXTRAIT *du registre des actes de décès du 24 prairial de l'an* III *de la république* (12 juin 1795).

« Acte de décès de Louis-Charles Capet, du 20 de ce
« mois (8 juin), trois heures après midi, agé de dix ans
« deux mois, natif de Versailles, département de
« Seine-et-Oise, domicilié aux tours du Temple, section
« du Temple;
    « Fils de Louis Capet, dernier roi des Français, et de
« Marie-Antoinette-Joséphine-Jeanne d'Autriche;
    « Sur la déclaration faite à la maison commune
      « Par
    « Etienne Lasne, âgé de trente-neuf ans, gardien du
« Temple, domicilié à Paris, rue et section des Droits
« de l'homme, n. 48;
    « Le déclarant a dit être voisin;
    « Et par
    « Remi Bigot, employé, domicilié à Paris, Vieille-
« Rue-du-Temple, n. 61;
    « Le déclarant a dit être ami;
    « Vu le certificat de Dusser, commissaire de police de
« la dite section, du 22 de ce mois (10 juin).
    « *Signé* LASNE, BIGOT et ROBIN, *officier public.*
    « Pour extrait conforme, etc.

A cet acte, je joins quelques unes des formalités prescrites par la loi pour entourer le décès de chaque particulier de cette authenticité qui exclut toute appréhension de fraude, pour donner aux familles et à la société les garanties auxquelles elles ont droit. Je fais observer que le Code civil n'est ici que la reproduction textuelle des dispositions analogues de la loi de 1795.

« (Art. 78.) L'acte de décès sera dressé par l'officier
« de l'état civil, sur la déclaration de deux témoins : ces
« témoins seront, s'il est possible, les deux plus proches
« parens ou voisins, ou, lorsqu'une personne sera décé-
« dée hors de son domicile, la personne chez laquelle
« elle sera décédée et un parent ou autre.

« (Art. 84.) En cas de décès dans les prisons ou mai-
« sons de réclusion ou de détention, il en sera donné
« avis SUR-LE-CHAMP à l'officier de l'état civil qui s'y trans-
« portera et rédigera l'acte de décès. »

Recherchons avant tout l'esprit de la loi, la pensée du législateur.

Cette pensée est bien simple : garantir au public la réalité d'un décès, en le faisant attester par ceux qui connaissaient le mieux le défunt, par ceux qui sont aptes à déclarer que c'est lui. Or, une déclaration semblable ne peut émaner que des membres de sa famille, et à leur défaut, de ceux qui avaient avec lui les rapports les plus intimes. La précaution de la loi est aussi sage qu'indispensable : en effet, si elle n'existait pas, si le premier venu avait qualité pour témoigner d'un décès, quelle perturbation sociale n'en pourrait-il pas résulter ? Qui empêcherait des malfaiteurs de déclarer à l'autorité la mort naturelle d'un citoyen assassiné ou sequestré par eux, et de présenter comme sa dépouille les restes inanimés d'un autre citoyen ?

La loi, toute vigilante, toute prévoyante qu'elle est, n'a-t-elle pas été fraudée mainte fois par les ruses du crime et l'audace de la puissance ? Parcourez nos annales judiciaires et les mémoires des deux siècles passés : dites-nous si l'on n'a pas vu déjà une population abusée suivre au champ du repos un cercueil plein de pierres, pendant que l'infortuné dont on célébrait les obsèques, gémissait au fond d'un cachot, victime de l'ambition, de la cupidité ou de la haine, pendant qu'il traînait le poids d'une affreuse existence? Et, sans reculer trop loin dans le passé, qui osera assurer que le cercueil modeste qu'on enlevait sans bruit du fort de Pignerol, le 23 mars 1680, renfermait réellement le corps du malheureux Fouquet?

Je reviens à l'acte de décès du 12 juin, aux formalités tutélaires prescrites par le Code civil, et je soutiens qu'il a été violé dans son esprit et dans son texte.

Quel est le premier déclarant? C'est Lasne, c'est le gardien du prince. Lasne avait été choisi par le comité de sûreté générale pour exercer ces fonctions ; il devait se présenter à l'état civil comme gardien spécial du défunt ; il pouvait signer comme tel, mais seulement comme tel : d'où vient qu'il n'en fait rien ? Il demeurait au Temple, à l'instar de ses prédécesseurs ; il avait aussi bien qu'eux la consigne sévère de ne jamais quitter l'enfant. C'est donc très faussement qu'il établit son domicile ailleurs qu'au Temple ; c'est faussement encore qu'il prend la qualité de voisin : la seule qui lui appartenait est celle de gardien du captif ; ainsi, il en impose, et sur sa vraie qualité et sur le lieu de son domicile.

Et ce Remi Bigot, cet employé de la Vieille rue du Temple, qui vient déclarer le décès, à son tour, qui se donne comme l'*ami* d'un enfant de dix ans, d'un prince prisonnier d'état, que personne n'approchait sans un ordre écrit des comités ! Ce Remi Bigot qui n'exerçait aucune fonction dans le Temple, qui n'avait ni le pouvoir, ni le droit d'y pénétrer, qui peut-être ne connaissait pas les traits du fils de Louis XVI, qu'a-t-il de commun avec les témoins exigés par la loi ?

J'en appelle à la sincérité générale : je demande si tous
les caractères du faux ne sont pas manifestes, si le faux
lui-même ne porte pas le cachet d'une maladresse insigne ? La mort de l'enfant survient le 8 juin, et le gardien
Lasne, au mépris de la loi qui lui prescrit de la déclarer
sur-le-champ à l'officier de l'état civil, le gardien Lasne
diffère quatre jours entiers ! et l'autorité qui est instruite
de ce décès important, n'intervient pas d'elle-même pour
faire exécuter les prescriptions légales ! elle attend le bon
plaisir des témoins ; ou, ce qui est plus vraisemblable,
elle attend qu'on les ait trouvés. Le témoin principal a
donc hésité beaucoup ; il a donc reculé quatre jours devant l'énormité du mensonge ? Oui, tout l'indique ; tout
prouve qu'il n'a cédé qu'à demi, qu'on a fait des con-
cessions à ses scrupules : ainsi, Lasne prend la qualité de
voisin, il se prétend domicilié hors du Temple ; car, il
pourra soutenir au besoin que ce n'est pas l'homme instruit de la vérité par sa position, que ce n'est pas l'habi-
tant du Temple, le gardien du jeune Capet, mais un
étranger, un *voisin* qui a signé l'acte de décès du 12 juin.

Il serait trop long d'énumérer toutes les autres nullités
de cette pièce prétendue authentique : je ne fais qu'ef-
fleurer ce qui sera approfondi devant les magistrats civils. Je craindrais de lasser l'attention par l'aridité de
ces détails. J'en ai dit assez pour constater l'existence du
faux.

Cette mort à l'appui de laquelle on ne pouvait apporter
trop de preuves, cette mort qui devait retentir dans l'Europe, qui devait exercer tant d'influence sur les actes d'un
parti politique ennemi, sur l'avenir de la France, le gouvernement républicain prend à tâche d'en étouffer la
nouvelle ; il fait tout pour en détourner l'attention publique ! En vain il dépend de sa volonté de prévenir
jusqu'à l'ombre du doute, d'entourer le lit funèbre de

témoins que personne ne refusera de croire ; il veut, lui, semer les soupçons, légitimer la défiance ! Dans cette chambre où la victime s'éteint à vue d'œil, où le trépas envahit peu à peu son être, pourquoi ne pas appeler quelques uns des amis, des serviteurs de la famille royale ? La terre d'exil ne les a pas tous reçus, l'échafaud ne les a pas tous dévorés. Il en reste assez à Paris même, dont on n'ignore ni la présence, ni les sympathies ; ils accourraient au premier appel, heureux d'adoucir par leurs larmes les derniers instans du prince qu'ils ont environné de respects et d'amour. Et sa sœur, qu'on retient sous les mêmes verroux, captive quelques pas plus loin, pourquoi n'est-elle pas là quand son frère se meurt ? Pourquoi priver le pauvre orphelin des embrassemens de cette amie si tendre, de cette compagne d'infortune ? L'autorité a promis naguère de les réunir ; et elle manque à sa promesse, au moment où l'humanité d'accord avec la politique lui fait une loi de la remplir ! Ah ! si le pouvoir agit de la sorte, ce n'est pas pour obéir aux inspirations d'une rigueur barbare, mais à une nécessité impérative ; c'est qu'il sait qu'à l'aspect de cet enfant substitué, de cet instrument du mensonge, le premier cri de la princesse serait : *Ce malade n'est pas mon frère !*

En vain l'on voudrait présenter sous un jour naturel la conduite ténébreuse des hommes du pouvoir dans cette grave circonstance : le raisonneur le plus subtil n'y réussirait pas : l'évidence parle trop haut : une conviction obstinée domine les esprits : c'est que tant de mystère n'a été commandé que par le besoin de protéger la fraude ; et le bon sens le plus simple dit à chacun que, si le gouvernement n'avait pas trompé la France sur l'identité du prisonnier du Temple, à l'heure de son décès, pour rendre à jamais le doute impossible, il eût fait recueillir par la sœur le dernier soupir du frère.

L'autorité avait promis de faire cesser l'isolement des deux captifs ; elle s'était engagée à les réunir tous les jours, s'ils le désiraient. J'en trouve la preuve dans les révélations publiées vingt ans plus tard par un membre du comité de sûreté générale , M. Harmand de la Meuse. Le comité l'avait envoyé au Temple avec ses collègues , Mathieu et Reverchon , pour constater les faits et rendre compte de tout ce qui était relatif aux prisonniers d'état. Voici comment ce député , après avoir longuement narré sa visite au prince , termine le récit de celle qu'il rendit à la fille de Louis XVI.

« Madame demanda d'abord du bois ; puis , plus con-
« fiante , sans doute , elle daigna me demander des nou-
« velles du jeune prince son frère.

« Il ne nous était pas venu dans l'idée (et qui aurait
« pu la concevoir cette idée ?) que la commune poussait
« sa barbare surveillance jusqu'à priver ces deux jeunes et
« illustres victimes du plaisir de se voir.

« Madame, répondis je , nous avons eu l'honneur de le
« voir avant d'entrer chez vous.

« Pourrais-je le voir ? — Oui , Madame. — Où est-il ?
« — Ici , sous votre appartement , et nous allons faire en
« sorte que vous puissiez le voir et communiquer ensem-
« ble quand cela vous conviendra,

« Cela dit , nous nous retirâmes , et nous chargeâmes
« les commissaires d'exécuter sur-le-champ les promesses
« que nous venions de faire à Madame.

« Nous convînmes que nous demanderions au comité
« une séance secrète pour lui faire notre rapport. Je
« m'empresse d'annoncer que le gouvernement mit le plus
« grand zèle à acquitter les promesses que nous avions
« faites en son nom, et à réaliser les espérances que nous
« avions données ; AU MOINS, CELA FUT ARRÊTÉ LE SOIR
« MÊME. »

Oui, M. Harmand, mais cet arrêté ne reçut pas d'exécution.

Le gouvernement républicain a prouvé par ses actes postérieurement au 8 juin 1795 qu'il était convaincu de l'existence du duc de Normandie.

Il l'a prouvé : car il a fait multiplier les recherches sur tous les points du territoire français pour ressaisir son otage fugitif. Le dauphin a terminé sa carrière au Temple, dites-vous? et vous accumulez les preuves à l'appui de ce dire : — Le rapport du député Sevestre à la Convention, — l'annonce du *Moniteur* officiel, —les registres de l'état civil, — le convoi funèbre qui a traversé Paris au grand galop. — Eh bien, je vous réponds que pendant que tout ceci avait lieu, le signalement du mort était envoyé dans les provinces avec l'ordre de l'arrêter ; je vous réponds qu'on soumettait les enfans voyageurs à l'inquisition la plus sévère ; qu'on exigeait d'eux des papiers de famille et des passeports ; je vous réponds qu'à la moindre parole équivoque qu'ils laissaient échapper, ou dont ils étaient l'objet, on commençait par s'assurer de leur personne. J'en cite un exemple.

M. Morin de Guérivière, alors âgé d'environ dix ans, était parti en chaise de poste, sous la conduite d'un sieur Jenais-Ojardias, agent du prince de Condé : il arrive à Thiers (Puy-de-Dôme), chez M. Barge-Réal à qui Ojardias le confie pendant la durée d'un voyage qu'il est obligé de faire à Lyon. Mais, les gendarmes qui ont entouré le petit voyageur à sa descente de voiture, qui l'ont suivi chez M. Barge-Réal, entendent ce dernier dire qu'il considère l'enfant comme un dépôt sacré. — Un dépôt sacré !... pour le coup, c'est le dauphin ! on n'en saurait douter. L'autorité locale est prévenue : elle accourt, dresse un procès-verbal, et M. Barge-Réal est constitué, sa grande surprise, gardien responsable du jeune Morin de Guérivière.

L'erreur ne pouvait durer : Ojardias est de retour ; on le mande, on l'interroge ; et quand la méprise a été rendue manifeste, un ordre écrit, remis entre les mains d'Ojardias lui-même, fait cesser la séquestration du prétendu dauphin.

Voici la teneur de cet ordre :

LIBERTÉ.   JUSTICE.

Du Puy, le 22 messidor an III (10 *juillet* 1795).

ÉGALITÉ.   HUMANITÉ.

« J. P. Chazal, représentant du peuple, délégué par
« la Convention nationale dans les départemens du Puy-
« de-Dôme, de la Haute-Loire, du Cantal, de l'Aveyron
« et de la Lozère, au procureur-syndic du district de
« Thiers.

« J'ai entendu Ojardias ; il a justifié de sa conduite ; le
« fait qui lui était imputé est faux ; je vous autorise à le-
« ver les ordres qui retenaient L'ENFANT dans la maison de
« Barge-Réal, ainsi que ceux qu'on aurait pu donner con-
« tre la liberté d'Ojardias. »

Salut et Fraternité ; *signé*, J. P. Chazal.

Certifié conforme :

Le Procureur-Syndic du district de Thiers,

signé, Bruyère-Barante.

C'est M. Morin de Guérivière qui raconte cet épisode important dans un opuscule intitulé : *Quelques souvenirs destinés à servir de complément aux preuves de l'existence du duc de Normandie, fils de Louis XVI.* Il ajoute qu'il a fait faireune copie collationnée de l'ordre ci-dessus, par MM. Esnée et Guiffrey, notaires à Paris, et qu'il a déposé l'original en lieu de sûreté.

Les Bourbons de la branche déchue n'ont pas reconnu pour leur parent l'enfant décédé au Temple.

S'il existe un fait plus concluant, plus puissant à lui seul que des volumes de raisons, c'est celui-ci : Louis XVIII et Charles X ont renié pour la dépouille mortelle de leur neveu, la duchesse d'Angoulême a renié pour la dépouille mortelle de son frère le corps de l'enfant décédé au Temple. — Ce corps, exhumé mystérieusement deux jours après sa sépulture par les ordres du comité de salut public, avait été transféré du cimetière Ste.-Marguerite au cimetière de Clamart, et inhumé de nouveau pendant la nuit. Louis XVIII savait cela ; il savait également que la terre avait été foulée au dessus de la fosse, et que nul insigne extérieur ne désignait aux regards la place de la nouvelle sépulture : aussi, à peine arrivé au trône, quel pieux empressement ne montra-t-il pas à ordonner des recherches inutiles dans le cimetière Ste.-Marguerite ! Mais M. Pelletan existait encore : il avait conservé le cœur de l'enfant autopsié par lui : il s'empresse d'offrir ce précieux dépôt au monarque ; son offre est refusée : plus tard, Charles X règne, nouvelle offre, nouveau refus ; on s'adresse à madame la duchesse d'Angoulême, et toutes les démarches demeurent sans résultat !

Comment ! va-t-on s'écrier, ces deux princes sans conscience, ces oncles dénaturés, après avoir donné officiellement des larmes hypocrites à la mémoire d'un neveu dont ils connaissaient l'existence, après avoir ceint leur tête d'une couronne dont ils n'étaient que les usurpateurs, ces oncles ont reculé devant la reconnaissance d'un cœur ! — Oui, ils ont reculé, mais par contrainte : parce qu'ils avaient besoin du concours de l'Eglise, et que l'Eglise a refusé de s'associer à la fraude. Les prélats de cour, dominés par des scrupules qu'on ne peut qu'approuver, n'ont pas voulu profaner les honneurs religieux par le mensonge ; et Saint-Denis n'a pas reçu le cœur de l'enfant étranger, et la jonglerie sacrilége est restée incomplète.

Mais ce prince si digne d'intérêt, et par la catastrophe sanglante qui lui a ravi les auteurs de ses jours, et par la captivité de son enfance, et par les infortunes qui l'ont suivie, qu'est-il devenu pendant près d'un demi-siècle? quelle terre hospitalière lui a donné asile? pourquoi ne s'est-il pas révélé au monde? qui nous garantira son existence actuelle, son identité, sa bonne foi? Tous ces doutes seront dissipés, toutes ces questions seront résolues. Je me bornerai à dire que les quinze ans de sa vie compris entre 1795 et 1810, se sont écoulés partie dans de nouvelles prisons, partie à fuir de retraite en retraite pour se soustraire aux persécutions que lui attirait sa naissance. Où aurait-il trouvé des protecteurs pendant les victoires du consulat et de l'empire, pendant que Napoléon assis sur le trône de France, dictant des lois à l'Europe, glaçait pour lui le cœur de tous les monarques? Je dirai que le duc de Normandie arrivé en Prusse en 1810, a demeuré successivement à Berlin, à Spandau, à Brandebourg et à Crossen, où les ministres prussiens, sûrs de son identité, lui ont imposé le nom obscur de Naündorff; qu'il s'est fait horloger pour vivre; enfin, qu'il est en France, à Paris, depuis 1833, et que de nombreux témoins qui ont vécu à la cour de son père et dont quelques uns furent attachés à sa personne, le reconnaissent aujourd'hui pour le fils de Louis XVI.

C'est lui, c'est le duc de Normandie qui, le 1er novembre 1834, protestait à la cour d'assises de la Seine, par l'organe de M. Morel de Saint-Didier, contre les prétentions de l'imposteur Richemont. On se rappelle que M. l'avocat général Aylies, emporté par un zèle plus qu'étrange, requit l'arrestation de M. de Saint-Didier, audience tenante, et qu'il fallut un arrêt motivé de la cour pour le convaincre que cette arrestation serait une illégalité odieuse. Il ne comprenait pas, M. l'avocat général, tout ce qu'il y avait de vrai courage de la part de cet honorable citoyen, à braver en personne les rires moqueurs d'un nombreux auditoire, pour s'acquitter d'une mission de conscience.

Forcé de me renfermer dans les limites d'une brochure, je me bornerai à reproduire les deux déclarations suivantes parmi toutes celles qui constatent la double identité morale et physique du prince.

Lettre adressée à madame la duchesse d'Angoulême par madame de Saint-Hilaire, anciennement attachée à madame Victoire de France, tante de Louis XVI (9 septembre 1833).

« Madame ,

« Depuis l'année 1795, je n'ai cessé d'entendre dire
« que le malheureux fils de Louis XVI avait été sauvé du
« Temple, et qu'un autre enfant y fut introduit à sa
« place. Cet espoir qui était nourri dans le cœur de tout
« bon français, était devenu une croyance religieuse ;
« elle fut entretenue pour moi à une époque où je fus
« placée près de Joséphine, femme de Bonaparte. J'ac-
« quis alors la *certitude* que sa bonté, son respect et son
« attachement à la famille des Bourbons, l'avaient portée,
« de convention avec le ministre Fouché , à soustraire le
« malheureux reste du sang de nos rois des cruelles mains
« de son époux qui avait prononcé sa perte.

« . . . . Pour tous ceux qui ont eu l'honneur de connaî-
« tre le roi votre auguste père et votre trop malheureuse
« mère, il est impossible de méconnaître Louis XVII à
« la ressemblance frappante que ses traits offrent avec
« les augustes auteurs de sa vie.

« . . . . J'ose assurer à V. A. R. que je crois à l'*identité*
« de ce malheureux prince , comme je crois en Dieu et à
« son divin Fils sauveur du monde.

— 29 —

« S. A. R. qui, jusqu'à présent, n'a point été à portée
« de trouver la vérité, peut être assurée que Dieu a per-
« mis qu'après tant d'années nous soyons parvenus à le
« trouver.... »

*Déclaration de madame de Rambaud attachée au duc de
Normandie, depuis le jour de sa naissance jusqu'au 10 août
1792.*

« Dans le cas où je viendrais à mourir avant la recon-
« naissance du prince fils de Louis XVI, je crois devoir
« affirmer ici, *par serment*, devant Dieu et devant les
« hommes, que j'ai retrouvé le 17 août 1833, Monsei-
« gneur duc de Normandie auquel j'eus l'honneur d'être
« attachée *depuis le jour de sa naissance jusqu'au 10 août*
« 1792 ; et comme il était de mon devoir d'en donner
« connaissance à S. A. R. madame la duchesse d'Angou-
« lême, je lui écrivis dans le courant de la même année,
« au mois de septembre 1833, une lettre dont la copie se
« trouve ci-jointe.

« Les remarques que j'ai faites dans son enfance sur
« toute sa personne ne pouvaient me laisser *aucun doute*
« *sur son identité*, partout où je l'eusse retrouvé ; je n'en
« ferai connaître ici que quelques unes..... »

Suit la description des signes d'identité.

Certes, de pareilles déclarations sont bien puissantes,
bien faites pour frapper les esprits, pour entraîner les
convictions, surtout quand loin d'apparaître isolées,
elles viennent escortées d'une foule d'autres aussi peu
équivoques.

Cependant, l'incrédulité insiste : elle demande pourquoi le prince n'a pas réclamé pendant les quinze ans de
la Restauration.

Objection irréfléchie !

Eh quoi ! n'est-il pas évident que toute réclamation
élevée par lui à cette époque attaquait de front l'existence

politique de sa noble famille , et qu'il ne pouvait dire ME VOILA ! sans lui arracher un sceptre usurpé ?

Pourquoi il n'a pas réclamé ? — C'est que l'histoire lui montrait en perspective le sort du Masque de fer , et peut-être un sort plus cruel.

Pourtant, malgré les dangers auxquels il s'exposait, des réclamations eurent lieu , et des persécutions révoltantes exercées par la complaisance du gouvernement prussien , étouffèrent à chaque fois sa voix émue qui redemandait sa sœur à sa famille couronnée.

Le 28 janvier 1834, il est frappé de plusieurs coups de poignard dans les rues de Paris : pendant quelques jours, sa vie reste en péril , on désespère de le sauver ; enfin , une constitution vigoureuse l'emporte, et il triomphe de blessures profondes.

Quels sont les auteurs de ce lâche attentat? de vulgaires malfaiteurs qu'un vil intérêt pousse au crime? Non, car un portefeuille garni de valeurs, ses bijoux, sa montre, sa bourse , rien n'a été soustrait.

Les meurtriers..., ne cherchons pas à les connaître : que les remords de leur conscience soient leurs plus cruels châtimens, les angoisses de tous leurs jours , le désespoir de leurs dernières heures !

Est-ce bien sérieusement qu'on vient me dire : *Il devait se présenter aux siens avant* 1830 *?*

Savez-vous s'il n'était pas mis au ban des souverains, si le territoire français ne lui était pas interdit sous les menaces les plus terribles, à ce prince que vous supposez si gratuitement libre de ses actes? Souffert par tolérance dans les états d'un monarque voisin, n'a-t-il pas été condamné en retour à une obscurité silencieuse ? Et quand vous lui reprochez de n'avoir pas tenté une agression qui eût été insensée, que dis-je ! impraticable, sans le secours d'amis nombreux, de sommes immenses, d'une liberté personnelle entière, avez-vous demandé s'il était pourvu de tout cela ; si même, il avait toujours un toit pour reposer sa tête, du pain pour ses enfans ?

Mais, je vous l'accorde tel que vous le supposiez : riche, influent, soutenu par un parti dévoué ; nous nous reportons à quinze ans en arrière ; le voilà en France ; il parle haut ; il produit ses titres et réclame son nom : alors, le dogme de la légitimité était en vigueur ; et réclamer son nom, pour lui fils de Louis XVI et de Marie-Antoinette, c'était réclamer la couronne. — N'est-ce pas, qu'ils vont s'empresser bien vite de l'ôter de leur tête pour la placer sur la sienne, ces oncles qui ont abandonné son père au milieu des orages révolutionnaires, qui ont cherché à flétrir sa mère, ces oncles chez qui l'ambition cupide a étouffé la voix du sang, ces parens qui lui ont témoigné une hostilité si coupable ?

Ah ! si, maintenant, déchus de la haute position qu'ils ont occupée, condamnés à rendre le dernier soupir sur une terre étrangère ; si, maintenant, le duc de Normandie leur inspire tant d'effroi ; s'ils suivent avec angoisse ses pénibles efforts pour sortir de sa tombe, s'ils le poursuivent encore d'une haine sauvage, que n'auraient-ils pas fait avant leur exil, maîtres d'un revenu de cinquante millions et de toutes les ressources du pouvoir suprême ?

Les poignards ont manqué leur victime ; d'autres moyens seront mis en œuvre pour l'accabler : on tentera de l'écraser sous les foudres spirituelles ! Qui le croirait ? certains hauts dignitaires du clergé français lancent l'anathème sur la tête du fils d'un roi qu'ils ont surnommé *Roi-martyr ;* ils défendent de croire au duc de Normandie ! Et pourquoi ? *C'est parce que,* selon ces modernes pharisiens, *ce nouveau venu serait-il ce qu'il dit être, ne peut, par sa présence, que troubler l'ordre public et la paix de l'Église.*

Voilà l'indigne emploi que des prélats font de leur pouvoir spirituel! et ils se donnent pour des hommes de paix et de charité, et ils se prétendent les mandataires de Jésus-Christ! Comme si Jésus-Christ avait dit à ses apôtres : *Vous vous joindrez au mensonge pour accabler la vérité; vous ferez cause commune avec le fort contre le faible; vous persécuterez le juste et l'orphelin.* Détournons nos yeux de ces égaremens coupables de quelques membres gangrenés d'une religion pure et sainte. Leur nombre est heureusement très minime. Je veux bien ne pas les nommer pour ne pas les flétrir.

Non, l'objection que je viens d'aborder n'est pas admissible; non, le duc de Normandie ne pouvait sans démence se présenter sous la restauration pour revendiquer ses droits ! Est-ce de Louis XVIII qu'il eût espéré une restitution? ignorait-il que Louis XVIII, mauvais parent, mauvais citoyen et mauvais prince, était son plus cruel ennemi? La soif ardente du trône, qui avait toujours dévoré cet homme, repoussait jusqu'à la pensée d'une pareille démarche. Quels gages de tendresse et de dévouement le fils de Louis XVI avait-il reçus du comte de Provence? N'était-ce pas le même oncle qui salua sa naissance par des cris de haine; le même qui, le 13 mai 1787, écrivait en ces termes au duc de Fitz-James :

« Voici, mon cher duc, l'assemblée des notables qui
« tire à sa fin; et cependant on n'a pas encore abordé la
« grande question. Vous ne pouvez douter, les notables
« n'hésiteront pas à croire, d'après les pièces que vous leur
« avez remises il y a plus de six semaines, que *les enfans*
« *du roi ne sont pas les siens.* Ces pièces prouvent jusqu'à
« l'évidence la conduite coupable de la reine : vous êtes
« trop attaché au sang de vos maîtres pour ne pas rougir
« de ployer devant ces *fruits adultérins.*

« Je serai absent; mais mon frère d'Artois, dont le bu-

« reau ne tient pas de séance, présidera à ma place. Le
« fait dont il s'agit, une fois avéré, *les conséquences sont*
« *faciles à tirer.*»

Signé Louis Stanislas Xavier.

Calomniateur de la vie privée de Marie-Antoinette, le
comte de Provence ne conspira-t-il pas aussi contre l'autorité de son frère et de son roi ? Qui ne connaît cette tache hideuse de sa vie, ce lâche abandon du marquis de
Favras, condamné et exécuté pour un crime dont il n'était que l'instrument subalterne ? A l'aspect de ce malheureux protestant de son innocence jusque sous le couteau fatal, un frémissement parcourait les rangs du peuple ; l'exécuteur des hautes œuvres fondait en larmes ; et
lui, le comte de Provence, lui, le seul criminel, il attendait au Luxembourg la chute de la tête de sa victime, se
croyant quitte envers elle, en jetant plus tard un peu d'or
à sa veuve !

Ecoutons le fils de Louis XVI, qui a pu, mieux qu'un
autre, apprécier l'âme de Louis XVIII, écoutons-le nous
parler de sa famille.

« Les rois qui méconnaissent un juge éternel comptent
« sur la plénitude de l'impunité ; et vous voyez le comte
« de Provence marcher infatigable dans la carrière du
« crime, concevoir et exécuter des attentats qui font rugir
« l'enfer lui-même.

« Et le produit de tant d'efforts, où se montre-t-il ?
« quelques jours passés sur un trône hérissé d'épines.
« L'huile sainte ne mouillera pas ce front corrodé par le
« feu de l'ambition. Des malheurs infinis accompagneront
« le brisement du sceptre qu'il a pris tant de peine à for
« mer ; et le comte d'Artois, sa victime bien plus que son
« complice, retournera sur la terre d'exil.

« La nation française n'a jamais fait de mal ni à
« mon père, ni à ma mère, ni à ma tante, ni à ma

3

« sœur, ni à moi..... Non! non! le comte de Provence
« avec une poignée de scélérats à sa solde , a été seul cou-
« pable d'un triple fratricide. Je l'accuse comme tel
« aujourd'hui devant Dieu et devant les hommes.

« Ma sœur, la duchesse d'Angoulême, a toujours été cir-
« convenue et toujours abusée. Je fonde cettte croyance
« sur ce qu'elle n'aurait pas reçu les papiers que je lui
« ai adressés en 1816, 1829, 1831 et 1832.

« Ces papiers , surtout ceux compris dans les envois de
« 1816 et de 1829 constatent irrécusablement pour elle
« mon identité. Si ma sœur avait lu ces papiers, et que
« néanmoins elle restât insensible et muette, à coup sûr,
« elle serait profondément coupable.

« Je repousse de toutes les forces de mon âme cette
« douloureuse et odieuse pensée! Oui, elle a été trahie,
« elle l'est encore, et nous avons été et nous sommes
« trahis tousles deux.

« Puis-je penser en effet, que ce soit *elle* qui a refusé
« de me voir? que ce soit *elle* qui n'a voulu ni voir, ni
« entendre , parce que cette dame pouvait lui parler de
« moi avec assurance et sans déguisement, madame de
« Rambaud qui, attachée à mon service, comme prince ,
« ne m'a pas quitté depuis 1785 jusqu'au 10 août 1792?
« Puis-je admettre que ma sœur se soit servi de ce futile
« prétexte : *Madame la Dauphine ne peut supposer qu'une*
« *personne de l'âge de madame de Rambaud ait pu entre-*
« *prendre un voyage si fatigant?* Ce serait méconnaître la
« puissance qu'un saint zèle donne à la vieillesse, lors
« même qu'elle s'avance vers la décrépitude, et faire bien
« gratuitement injure à une personne que ma sœur con-
« naît, qu'elle a accueillie en 1815, et dont elle n'a
« perdu la trace que depuis 1830.

Plus loin , le prince adresse à sa sœur une série de
questions intimes sur les habitudes de la famille royale au

Temple, sur des anecdotes qui ne peuvent être connues que de la duchesse d'Angoulême et de son frère ; il offre d'y répondre dans une entrevue particulière.

Que n'a-t-il pas tenté, ce frère méconnu, pour ramener sa sœur aux sentimens de la nature, pour en obtenir un entretien ! Cependant, n'accusons pas avec trop d'amertume une princesse plus faible que coupable : elle n'a pas été libre d'obéir à son cœur ; tout prouve que de puissantes obsessions ont opprimé sa volonté.

Quand M. Morel de Saint-Didier, l'ami, le confident du prisonnier du Temple, vint à Prague pour la première fois, la duchesse attentive aux preuves d'identité qui lui étaient présentées, sentait ses doutes s'évanouir et cédait à l'attendrissement. Ses yeux, qui venaient de se détourner dédaigneusement du portrait de Richemont, ne pouvaient se détacher de celui de son frère. Si l'on avait pu lire alors dans sa pensée, si elle avait osé en manifester l'expression, ne semble-t-il pas l'entendre s'écrier : *Voilà bien les traits de Louis XVI et de Marie-Antoinette ; c'est bien là mon malheureux frère ! Oh ! qu'il vienne : mes bras lui sont ouverts... Je suis lasse de me soumettre à la tyrannie barbare qu'on m'impose. Je ne veux plus obéir à cette politique exécrable qui m'ordonne d'étouffer la voix de la nature.* Elle écoute M. de Saint-Didier avec la plus grande bienveillance ; elle l'engage à revenir muni de toutes les preuves ; elle en veut la promesse. M. de Saint-Didier donne cette promesse ; il se hâte de la remplir ; il revient à Prague. Tout est changé : on refuse de le recevoir ! pour quel motif ? c'est parce que Charles X a été instruit de tout ; c'est parce que ce vieillard à moitié courbé vers la tombe, n'a pas voulu permettre à sa nièce la réparation d'une longue iniquité.

On voit des gens qui crient à l'imposture pour se dispenser d'examiner ; mais qu'ont-ils prouvé, ceux qui ont fait entendre ces clameurs, sinon leur mauvaise foi ou leur sottise? N'y a-t-il pas lâcheté à flétrir de l'épithète d'imposteur un homme qu'on ne connaît pas, qu'on n'a ni vu, ni entendu, quand tout décèle la loyauté de cet homme; quand sa vie, à quelque époque qu'on la prenne, nous le montre toujours le même; toujours trahissant son identité morale par son langage, toujours persécuté pour son malheureux nom?

Vous qui l'accusez d'imposture, si vous aviez pu, spectateurs invisibles, assister à l'explosion de sa douleur muette dans un de ces momens intimes où l'homme est seul avec sa conscience et la vérité, si vous l'aviez suivi dans une excursion récente à Versailles, peut-être seriez-vous convaincus de la légitimité des titres qu'il réclame. C'est, qu'en effet, il y a des témoignages irrésistibles qui, tout d'abord, terrassent l'incrédulité et portent la conviction dans les esprits les plus prévenus.

Il était debout, devant le palais où s'écoulèrent ses premières années au sein du pouvoir et des grandeurs; il regardait avec mélancolie; et peu à peu ses yeux se remplissaient de larmes, des sanglots étouffés s'échappaient de sa poitrine. — Que se passe-t-il donc dans le for intérieur de ce rejeton d'un sang royal? Vient-il d'établir un parallèle amer entre les splendeurs qui entourèrent son berceau, et son obscurité, sa misère actuelles? est-ce le trône qu'il regrette? Oh! non; car une expérience fatale lui a appris que rien n'est stable ici-bas; que Dieu n'a pas fait des couronnes un patrimoine inaliénable; que sa main puissante renverse à son gré les dynasties et change la forme des gouvernemens. S'il est en proie à une émotion poignante, s'il pleure, c'est que des souvenirs douloureux et chers sont venus l'assaillir. Ce palais qu'il regarde, est pour lui ce qu'est pour l'exilé le toit qui l'a vu naître et qu'il peut saluer de nouveau, après un demi-siècle de souffrances. C'est là qu'il a reçu les baisers d'un père et les douces étreintes maternelles. Hélas! il n'en a guère joui. Ce père si bon, cette mère qui l'idolâtrait, cette tante qui l'aimait comme une autre mère, que sont-ils devenus..? Une mort épouvantable les lui a tous ravis. Du trône ils sont descendus dans une prison : de la prison on les a conduits au supplice... — Bien jeune il a connu l'adversité la plus affreuse. Il se rappelle tout cela, et il pleure.

Non! non! jamais on ne renversera cette preuve irrécusable de l'identité de l'homme qui se présente comme duc de Normandie; jamais l'imposture la plus habile ne parviendra à contrefaire ce cri de la nature et du cœur.

Qu'ils viennent nos adversaires, réfuter nos preuves devant le public; qu'ils viennent, ces rigoristes qui nous opposent comme fin de non-recevoir une prétendue indignité! — *Le fils de Louis XVI*, à les entendre, *aurait des sentimens plus nobles; il ne flétrirait pas ses parens, en divulguant leur conduite criminelle; il ne les traînerait pas devant les tribunaux!* — Ils ignorent donc, ces accusateurs insensés, que le nom qu'on reçut en naissant est une propriété sacrée à laquelle on ne renonce pas, sous peine de s'en déclarer indigne? Faudra-t-il leur faire comprendre que le fils du plus malheureux des princes, serait-il doué de la vertu surhumaine qu'ils lui imposent, serait-il disposé à s'immoler au repos d'une famille coupable, est enchaîné par ses devoirs de père; qu'il doit à ses enfans ce nom, ce titre de citoyen, ce patrimoine qu'il ne revendiquerait pas pour lui?

Ceux qui connaissent l'histoire du laboureur Gallardon auront remarqué que je n'en ai pas encore parlé : si j'en dit quelques mots, c'est pour signaler la cause très probable de sa mort; c'est pour faire toucher du doigt cette main invisible et fatale qui n'a cessé de poursuivre et d'étouffer la lumière.

Je ne suis pas de ceux qui ajoutent une foi illimitée aux révélations de Martin ; je ne veux pas jurer la main sur l'évangile, que l'ange Raphaël est venu le trouver en personne pour lui confier le secret de l'existence du duc de Normandie, et l'envoyer admonester Louis XVIII. Mais enfin, vraie ou fausse, cette visite du messager céleste mit en émoi la cour et le clergé ; le public s'en préoccupa vivement ; le vieux roi lui-même ne put résister au désir d'entendre Martin ; il le reçut en audience particulière ; et, s'il faut s'en rapporter aux mémoires d'une dame en position de tout savoir, une tristesse mêlée d'effroi obscurcissait le front du monarque au sortir de leur entretien. Ceci, je le répète, touche au surnaturel, et est en cette qualité très controversable ; mais si le pauvre paysan n'était qu'un visionnaire ou un fou, quel intérêt avait-on à s'en défaire ? Pourquoi a-t-il été empoisonné ?

En présence de la question qui m'occupe, question grave, question grande s'il en fut jamais, si quelque chose m'étonne, c'est le silence prolongé des journaux légitimistes. J'y trouve une improbité cynique ou une lâcheté révoltante, peut-être l'une et l'autre à la fois. Comment ! messieurs, un homme est là, qui attaque à la face du monde l'existence politique et l'honneur privé de vos princes ; et, dans ces longues colonnes ouvertes chaque jour à des débats stériles, à de misérables futilités, vous ne trouvez pas une petite place pour la défense de cette vie politique qui est la vôtre, de cet honneur privé qui vous doit être si cher ! Quelle cause vous a frappés de mutisme ? Qui vous empêche de faire part de votre conviction à vos lecteurs ? car, vous avez une conviction, je le présume : vous croyez ou vous ne croyez pas au duc de

Normandie. Si celui qui se dit tel n'est qu'un imposteur, pourquoi ne pas le signaler au mépris public en démontrant son imposture ? Si la validité de ses titres vous paraît controversable, pourquoi ne pas les discuter ? Enfin, si vous êtes convaincus de sa loyauté, pourquoi ne pas proclamer l'arrêt de vos consciences ? La famille de Prague ne dispose plus du pouvoir ; elle n'a pour elle que son bon droit et votre éloquence. Jadis, d'un mot, d'un souffle de sa volonté, elle précipitait dans des oubliettes éternelles l'audacieux parent qui veut soulever la pierre de sa tombe : on l'aurait vu paraître un moment, puis disparaître à jamais. Aujourd'hui, les armes sont plus égales ; on a besoin de vous ; et si la cause des princes déchus est juste, votre silence devient une lâcheté.

Mais, j'interroge vainement les écrivains légitimistes : ils se sont tû jusqu'à ce jour et se tairont encore, parce qu'ils n'ont rien de mieux à faire. Prague a donné pour consigne à ses amis le plus profond silence ; Prague n'accepte pas la discussion devant le public : elle a raison : toute controverse tournerait à sa honte. *Sire,* a dit sans doute au vieux roi la junte qui gouverne sa volonté, *prenez garde au piége qui vous est tendu ! n'allez pas vous engager sur le terrain de la logique et de la vérité ; que vos fidèles se taisent. La logique est fille de l'enfer ; c'est elle qui pervertit le monde.* Le conseil a paru bon, et les journaux dévoués se sont hâtés de se soumettre à cet ordre pieux. Je me trompe : l'un d'eux l'a enfreint : soit zèle fanatique, soit intempérance de langue, il a voulu parler. Pauvre avocat d'une mauvaise cause ! fallait-il qu'il vînt si maladroitement dévoiler la terreur de ses cliens ? Que d'injures inutiles, que de misérables pasquinades lancées à un adversaire dont le bon droit fait trembler !

L'article de la *Gazette de France*, car c'est de la *Gazette de France* qu'il s'agit, aura valu, selon toute apparence, une admonestation sévère à son auteur. Le style et

les moyens de cet étrange plaidoyer m'ont paru assez curieux pour en offrir quelques échantillons au lecteur.

Extraits de la Gazette de France *du 16 janvier* 1836.

« Vraiment, il vient autant de ducs de Normandie que de
« véritables chapons du Maine... il en pleut des Louis XVII
« depuis trente ans... Nous nous croyions délivrés de
« ces apprentis qui arrivent toujours trop tard, et quand
« la place est occupée. Mais pas du tout ! en voici encore
« un qui ne sera peut-être pas le dernier; celui-ci est le
« bon, le véritable duc de Normandie. Il a bien soin de
« vous prévenir qu'il ne faut pas le prendre comme ses
« confrères ou prédécesseurs pour un faussaire, un char-
« latan ou une bête. Allons donc ! il n'a pas peur de la
« *justice*, lui ! Au contraire, il l'invoque si bien et si haut,
« qu'il a fait paraître un journal sous ce nom, dans le
« seul but de mettre tous ses droits en lumière, d'ap-
« peler tous les témoignages, de lever tous les doutes,....

« Nous voulons être justes, nous qui ne faisons pas la
« *justice;* en conséquence, nous déclarons que si M. Naün-
« dorff prétend aux titres et qualités de duc de Norman-
« die, ce n'est pas pour ravir la couronne de France à
« celui qui la possède; il ne se soucie pas d'être Louis XVII,
« il se contente d'être Charles-Louis duc de Normandie;
« et c'est devant les tribunaux, qu'aux termes des arti-
« cles 78, 84 et autres du Code civil, il réclame pure-
« ment et simplement la qualité de fils aîné de Louis XVI.
« Excusez du peu.....

« Mais à la place du gouvernement, je ne me laisserais
« point endormir par la feinte humilité du véritable duc
« de Normandie. Si une fois il avait repris judiciaire-
« ment ce titre-là, qui sait jusqu'où il mènerait les
« doctrinaires? à moins pourtant que la police ne se
« trouve derrière l'horloger prussien, et qu'elle ne le
« fasse agir dans un intérêt si absurde et si sale que nous

« ne voulons pas nous y arrêter un instant. Mais alors,
« et s'il n'en est rien, comment elle, cette police qui
« se montre si active, si prévoyante, si soupçonneuse, si
« brutale dans beaucoup d'occasions, ne pense-t-elle pas
« aux conséquences du procès du véritable duc de Nor-
« mandie, lequel avec tous les moyens de séduction ima-
« ginables de mesdames de Génerès et de Rambaud,
« pourrait finir par faire un parti politique dans le
« royaume des Français ? Nous n'y concevons rien, et
« nous disons comme le *Léandre des Plaideurs* :

« Ma foi, horloger, police, séducteurs, doctrinaires,
« il faudrait tout lier. »

Eh bien ! que vous en semble ? vous qui cherchiez la
lumière pour vous former une opinion, vous qui deman-
diez d'une voix infatigable des documens propres à établir l'imposture, n'êtes-vous pas convaincus par ceux que
la *Gazette* a mis sous vos yeux ? n'êtes-vous pas servis à
souhait ? — Quels raisonnemens serrés ! quelles scrupu-
leuses recherches historiques ! quelle réfutation appro-
fondie des titres du réclamant !

Voilà comment un journal réduit ses adversaires à l'im-
puissance de répondre. Une discussion sérieuse l'épou-
vante ; il monte sur des tréteaux et se pose en bouffon :
vous voulez des faits ; il vous sert des phrases triviales :
vous lui demandez des raisons ; il vous oppose des injures !
— Relisez plutôt le verbiage précité.

La dernière partie de l'article a seule un côté grave.
C'est une terreur mal déguisée ; c'est un regard d'effroi
jeté sur l'issue probable du combat judiciaire qui se pré-
pare ; c'est la pensée de la famille proscrite mise à nu ;
c'est le cri anticipé de son désespoir et de sa haine. Elle
n'ignore pas, cette famille, que l'œil des magistrats pé-
nétrera sans s'égarer dans le dédale de ses méfaits envers
un neveu, un cousin, un frère ; et pour dernière res-

source, elle invoque l'arbitraire : foulant aux pieds toute retenue, elle mendie au gouvernement appelé par elle *usurpateur* l'appui de ses prisons !

On croit rêver, en entendant des écrivains qui se prétendent légitimistes, solliciter d'un pouvoir qu'ils détestent l'accomplissement de cette basse iniquité; eux dont le cœur devrait battre avec plus de force, dont les entrailles devraient tressaillir à la seule pensée que le fils de Louis XVI existe.

Disons-le en passant, et pour l'honneur du cabinet, et pour l'honneur du chef de l'état : Louis-Philippe a opposé jusqu'à présent un refus inébranlable à toutes les instances de Prague; il a déclaré de la manière la moins équivoque que la liberté du prince serait respectée.

A cette agression peu dangereuse de l'ancien journal de M. de Genoude, est venu se joindre un acte d'hostilité de la feuille officielle de Berlin. Cet obscur Moniteur d'un peuple chez qui la liberté d'écrire est presque aussi florissante qu'en Turquie, aurait passé inaperçu malgré ses attaques; mais la *Quotidienne*, la *France* et la *Gazette des Tribunaux* les ont accueillies, les ont insérées sans commentaires dans leurs colonnes; cette publicité me fait un devoir de m'en occuper à mon tour.

Voici ce qu'on lisait, il y a quelques semaines, dans un des numéros de la *Gazette d'État* de Prusse :

« L'individu nommé Naündorff, qui se fait passer pour
« Louis XVII, et qui a comparu dernièrement devant la
« police correctionnelle de Paris, n'est autre qu'un horlo-
« ger très connu chez nous. Il a parcouru pendant quel-
« que temps notre pays, a été plusieurs fois entre les
« mains de la justice criminelle, et a subi un empri-
« sonnement dans la maison de correction à Brande
« bourg. »

A quiconque connaît les faits, la lecture de ce peu de

lignes inspire un sentiment d'inexprimable dégoût. En vérité, ils se figurent, ces scribes d'une presse muette, ces diffamateurs par ordre, ils se figurent qu'il va leur suffire d'un trait de plume pour déverser l'infamie sur une tête honorable, et flétrir tout une vie de probité! Hommes du cabinet prussien, la honte de vos manœuvres retombera sur vous. Il ne vous suffisait donc pas d'avoir été les instrumens serviles des persécutions du monarque soi-disant législateur? Aujourd'hui que sa victime est hors de votre atteinte, vous voulez la frapper par les mains débiles de votre *Gazette d'Etat!* Mais elle ne vous craint plus : elle vous clouera au pilori de l'opinion, vous et vos maîtres. L'Europe saura bientôt qui des deux est infâme de votre *justice criminelle,* ou de ce Naündorff si lâchement accusé, si bassement emprisonné par elle, sans ombre de délit ET SANS CONDAMNATION. Fouillez dans les cartons de votre police ténébreuse, montrez-nous les notes secrètes que vous envoyait Louis XVIII, et daignez nous expliquer par quelle merveilleuse coïncidence, des accusations honteuses tantôt d'incendie, tantôt d'émission de fausse monnaie, répondaient avec une exactitude si ponctuelle à chaque lettre adressée par le malheureux prince à son oncle et à sa sœur? Le moment approche où bien des turpitudes politiques seront étalées au grand jour, et les débats du tribunal civil de Paris feront rougir plus d'un front à Berlin (1).

(1) On me communique l'article suivant qui est également extrait de la *Gazette d'Etat* de Prusse, et de beaucoup postérieur à l'article du même journal que je viens de citer. On remarquera combien ce dernier est inoffensif, je dirai même bienveillant pour celui qui est en l'objet; on n'oubliera pas qu'ils émanent l'un et l'autre du ministère prussien. Un tel rapprochement n'a pas besoin de commentaires.

Extrait de la *Gazette d'Etat* de Prusse du 5o mai :

« Au mois de juillet prochain, il sera plaidé devant le tribunal « de première instance du département de la Seine, un procès

Avant de poser la plume, je mets sous les yeux du lecteur la lettre suivante adressée à Louis-Philippe le 5 avril 1835.

« Mon cousin,

« Vous savez que je suis actuellement en France où je
« vais réclamer devant les tribunaux le nom qui m'appar-
« tient; vous n'avez pas besoin du jugement à intervenir
« pour être fixé sur mon identité : vous vous occupez trop
« de votre gouvernement pour qu'une question de cette
« importance vous soit étrangère. M. Decazes est, au reste,
« parfaitement à même de vous donner tous les renseigne-
« mens imaginables à mon sujet.

« Je n'élève point une discussion de gouvernement,
« mais je redemande *aux lois* de mon pays l'annulation
« *d'un acte qui m'a fermé toutes les voies de la vie civile.*

« qui ne va pas manquer d'exciter la curiosité. M. Naündorff,
« connu par son séjour de plusieurs années en Prusse, où il a
« exercé la profession d'horloger, veut établir et prouver en jus-
« tice la fausseté de l'acte mortuaire de Louis XVII, dressé sous
« la date du 8 juin 1795. Il s'arroge et prend lui-même les noms
« de Charles-Louis, et la qualité de Dauphin de France, fils
« de Louis XVI et de Marie-Antoinette. On est ici très curieux
« de connaître la marche et l'issue de cette affaire qui intéresse
« à un aussi haut point par son importance, par la *quantité* et la
« *qualité* des témoins qui seront entendus contradictoirement
« pendant les débats, et dont les dépositions ne peuvent man-
« quer de présenter le plus vif intérêt. Toutes les démarches faites
« pour découvrir la famille et le lieu de naissance de M. Naün-
« dorff, n'ont en général abouti à aucun résultat satisfaisant.
« On est seulement parvenu à savoir que M. Naündorff est arrivé
« en Prusse en 1810; qu'il a joui pendant deux années du droit
« de bourgeoisie à Spandau, et qu'il s'est marié ici en 1818, *sans*
« *qu'il eût produit son extrait de naissance. Il n'y a rien de*
« *moins prouvé sans doute que le décès réel du Dauphin dans la*
« *prison du Temple*, et cette circonstance jointe à l'incertitude
« de l'origine de M. Naündorff, promet dans tous les cas des
« débats on ne peut plus intéressans, que nous ferons connaître
« à nos lecteurs. »

« J'ai enfin trouvé un *avoué* prêt à occuper pour moi ;
« et les plus incrédules ne pourront bientôt plus douter de
« la réalité de mon existence. Je dois vous l'avouer, ce-
« pendant, ma position actuelle est d'autant plus pénible
« que je ne sais à qui me fier au milieu de cette France
« qui fut de tout temps l'objet de mes vœux et de mes
« pensées. Mon plus grand malheur est d'être né sur les
« degrés du trône, et ce fut là la cause des souffrances
« inouïes qui, depuis ma naissance, n'ont pas cessé de
« m'accabler. J'ai pris la résolution de m'adresser à vous,
« non point pour vous demander une grâce, mais pour
« vous dire qu'il *est de votre devoir de me laisser toute lati-*
« *tude et toute liberté pour faire valoir mes droits.*

« *Signé* CHARLES-LOUIS, duc de Normandie. »

Je me résume, et je dis : Quand un homme proteste
contre la fausseté matérielle d'un acte public qui l'a déclaré mort, lui vivant, qui l'a réduit à la condition d'un
paria, sevré de toutes les joies de la famille, de toutes les
prérogatives du citoyen, le devoir de chacun est de l'é-
couter, parce qu'il peut dire vrai, et que s'il en impose,
sa fourberie, constatée par l'épreuve judiciaire, succom-
bera devant la validité de l'acte qu'il dénonce comme faux.
Chacun doit l'écouter ; car, rejeter sa plainte sans l'entendre, serait un déni de justice odieux. Mais combien l'attention qu'il commande ne devient-elle pas sérieuse, alors
qu'il porte avec lui tous les caractères de la vérité ; alors
qu'il raconte sans hésitation sa vie tout entière, ses tra-
verses douloureuses, ses efforts infructueux pour se faire
reconnaître, et toujours la preuve à la main ! Mais combien
ne doit-il pas inspirer de confiance, alors que des témoins
dont la probité plane au dessus du soupçon, que des per-
sonnes qui l'ont vu naître, qui l'ont suivi pas à pas dans sa
tendre jeunesse, qui connaissent les mille particularités

intimes de son enfance ; que des magistrats , des ministres de la religion , des hommes d'état dont les cheveux ont blanchi se réunissent tous pour s'écrier, après un mûr examen : C'EST LUI ! C'EST BIEN LUI !

Ici, plus de bannières politiques! Tous les partis se fondent en un seul , le parti de la justice. Le fils d'un roi la demande , il a droit de l'obtenir. Qu'un obscur particulier se présente à sa place devant nos tribunaux, victime comme lui , comme lui poursuivi par sa famille, et l'intérêt général lui servira de cortége , et tous les vœux s'élèveront pour le triomphe de sa cause. — Est-ce que, par hasard , l'homme qu'une malheureuse fatalité a fait naître sur les marches d'un trône pour mieux le précipiter du faîte des grandeurs humaines, n'aurait pas autant de titres à l'intérêt de ses concitoyens qu'un simple particulier?

Oui, ses titres sont incontestables ; ils sont sacrés ; car, plus sa naissance semblait lui promettre de bonheur, plus il a été écrasé par le sort. Fils de roi, il a été poursuivi ; emprisonné , traqué par les rois comme une bête féroce. Sa vie..., il l'a gagnée par son travail , à la sueur de son front ; il s'est fait artisan. Que de fois, seul dans son atelier, courbé près d'une lampe pendant les longues heures de la nuit , il a arrosé de larmes amères ses outils d'horloger, ses outils qui lui avaient donné le pain de la veille et qui lui promettaient le pain du lendemain !

Jamais le tribunal de première instance de la Seine n'aura été appelé à statuer sur une question d'un ordre plus élevé : Charles-Louis, duc de Normandie, libre de faire entendre sa voix après quarante ans d'oppression et de misère, vient se placer sous l'égide de la loi : il vient avec confiance demander à ses organes si l'iniquité dont il fut victime pèsera sur lui jusqu'au tombeau.

Ma tâche est terminée : prince, c'est à vous de remplir

la vôtre. Paraissez ; la justice vous appelle ; elle attend vos témoins ; elle s'apprête à peser vos preuves. Ce n'est pas vous qui pouvez redouter ses investigations , car vous les avez provoquées. Ouvrez la lice sans crainte ; votre cause est belle , et les écueils qui vous menacent n'ont rien de dangereux. Qu'importent ces clameurs perfides qui vont s'élever pour couvrir votre voix ! qu'importent ces risées imbéciles qui s'apprêtent à l'accueillir ! devant une réclamation aussi sainte que la vôtre , qu'est-ce que le bourdonnement méprisable de la sottise et de l'intrigue ? ce n'est rien : ce n'est pas même l'écume de l'opinion publique ! Avaient-ils avec vous la moindre ressemblance , ces fourbes que le consulat , la restauration et le règne de Louis-Philippe nous ont offerts tour-à-tour ? Ce titre de duc de Normandie dont ils se paraient avec impudeur, osèrent-ils jamais le revendiquer légalement ? Imposteurs soudoyés , ils fuyaient les regards de la justice humaine , mais sa main les a frappés. Ah ! si vous n'étiez qu'un de ces vils instrumens jetés sur la scène par une politique perverse pour égarer l'opinion sur le fils de Louis XVI, votre carrière n'aurait pas été semée de tant de persécutions, des poignards n'auraient pas menacé vos jours. Quelle sympathie plus légitime que celle qui vous est due, à vous, pauvre orphelin captif dès l'enfance , à vous qui avez échangé les baisers d'une mère contre les coups d'un geôlier féroce ! Vous associerez les magistrats aux maux que vous avez soufferts ; vous leur raconterez une vie d'orages et d'infortunes ; vous ferez plus encore : vous prouverez jusqu'à l'évidence l'identité de votre personne. Qui osera la révoquer en doute , quand on verra cette femme respectable placée près de vous à votre naissance par Marie-Antoinette , et dont les soins ne vous quittèrent qu'à la chute du trône ; cet ancien ministre du roi votre père , ce serviteur fidèle qui vous sauva du Temple, et tant d'autres non moins dignes de foi, quand on les verra dans le sanctuaire de la justice; la main levée vers l'image du Dieu mort pour sauver les hommes, quand on les entendra jurer par le sang de ce Dieu, que vous êtes en effet celui que vous déclarez être ? Oh ! alors, un frémissement religieux s'emparera de l'auditoire, et les consciences les plus rebelles seront conquises à votre cause. Pour nous, qui vous avons vu, qui avons entendu de votre bouche le récit touchant de la plus incroyable série de malheurs, nous tous, jeunes gens, hommes mûrs, vieillards, nous dirons nos convictions à qui voudra les entendre. Nous parlerons avec l'éloquence de la foi, et nous ferons partager la nôtre. Bientôt, prince, croyez-le, une vive lumière dessillera tous les yeux, il n'y aura plus de ténèbres ; et les juges, les auditeurs, la France entière attentive à ces débats solennels s'écrieront d'une voix unanime : CET HOMME EST RÉELLEMENT LE FILS DE LOUIS XVI !

LETTRE

ADRESSÉE

A S. M. LE ROI DES FRANÇAIS

PAR LE DUC DE NORMANDIE,

ET

PROTESTATION DE SES AVOCATS.

Sire,

Jusqu'à ce jour je n'ai considéré votre avénement au trône de mes pères que comme l'exécution des volontés de la Providence ; c'est pourquoi je suis venu vers vous, l'olivier de la paix à la main. Que vous ai-je demandé ? rien que la justice ! Les rois qui sont montés sur le trône par la permission de Dieu, ne sont ils pas là pour protéger l'innocence ? Pourquoi donc vos ministres m'ont-ils fait arrêter en votre nom ?

Depuis 1814 je n'ai cessé d'invoquer la justice de ma propre famille.... et vainement ! Ils se sont perdus : ils ont perdu la France, car c'est leur iniquité qui a semé le désordre parmi les Français.

Depuis 1831 je me suis adressé spécialement à vous : dans quel but ? vous pouvez vous en convaincre en lisant la lettre qui vous fut écrite par mon chargé d'affaires, le syndic de Crossen, M. Petzold. Si cette lettre ne vous suffit pas, lisez encore celles qui vous ont été transmises en 1833, lors de mon premier séjour à Paris, et dans les années qui ont suivi. Pourquoi donc avez-vous donné l'ordre à vos ministres de me jeter dans un cachot ? Pouvez-vous prétendre consciencieusement que je ne suis pas

4

le fils de l'infortuné Louis XVI et de Marie-Antoinette, reine de France? Non, vous ne le pouvez pas. Pour quel motif alors m'a-t-on enlevé de mon domicile et mis en prison? Le 6 octobre, le 20 juin et le 10 août 1792 ne sont-ils pas encore passés?.... Je suis le véritable orphelin du Temple; vous n'ignorez pas que je dis la vérité. Ma vie n'a été que souffrances et le pénible jouet des intrigues qui l'ont constamment agitée; vous les renouvelez en ce moment contre moi... Dix-neuf années de détention n'étaient donc pas suffisantes! La vingtième recommence, et c'est sous votre gouvernement!.... Pour quelle raison? Est-il dans le monde un seul individu qui puisse rendre témoignage que j'aie jamais fait de mal à personne? J'insiste, et je ne puis que répéter cette question : Pourquoi suis-je en prison?

Si je n'étais pas le fils du roi martyr, votre police ne m'eût pas arrêté précisément au moment où je disposais mes preuves pour les soumettre à l'appréciation de mes juges naturels. Je savais parfaitement que j'étais entouré d'espions, mais je ne croyais pas que le roi des Français se montrât injuste envers le véritable orphelin du Temple. Si je n'avais pas eu cette confiance, soyez sûr que votre police ne m'eût pas saisi.

Mais, Sire, que me voulez-vous? Si vous êtes le roi providentiel de ma patrie, vous n'avez rien à craindre du fils de Louis XVI; ne vous ai-je pas déclaré que la couronne n'était point le but où je tendais? Je suis venu pour réconcilier entre eux les Français. Prince français, je comprends les devoirs que m'impose ce titre : c'est de faire disparaître la discorde qui divise la France. Il y a de la justice dans ma patrie ou il n'y en a pas : s'il y en a, je l'invoque, non pas seulement pour moi, mais pour la France entière; car, Sire, croyez-moi, ni vous ni votre famille, ni la France, n'auront de repos et de sécurité

tant que le fils de Louis XVI ne sera pas reconnu hautement par l'organe des magistrats. Il n'y a que ce moyen
de faire cesser les intrigues de ceux qui ont égaré ma
sœur, madame la duchesse d'Angoulême, sur le fait constant de mon existence. Je viens encore une fois vous offrir
des paroles de paix. Je ne réclame rien que l'héritage civil
qu'on ne peut me contester. Je vous le répète : je
suis le fils du roi martyr ; comme tel, je m'adresse à
votre justice, et c'est pour la dernière fois. Si vous n'en
avez pas, je vous ajourne devant le tribunal de Dieu qui
me connaît, qui m'a sauvé, et qui m'a protégé jusqu'à
ce jour.

Si vous n'êtes pas complice des persécutions qu'on me
fait souffrir, rendez-moi immédiatement ma liberté. Des
intrigans pourront vous dire qu'il n'est pas vrai que je
sois le fils de Louis XVI ; qu'ils s'expliquent, et qu'ils
disent alors comment on s'oppose à ce que je produise
mes preuves devant les tribunaux de ma patrie. Ces tribunaux sont saisis ; c'est d'eux que j'attends la justice. Un
roi quelconque, s'il est juste, ne doit pas arrêter le cours
de la justice.

Signé CHARLES-LOUIS,
DUC DE NORMANDIE.

Ecrit dans le cachot de la police de Paris, le onzième
jour de mon emprisonnement illégal, le 26 juin 1836.

Sire,

Nous avons recours à la justice du trône contre une
mesure illégale de votre gouvernement, qui frappe depuis
quinze jours monseigneur le duc de Normandie, véritable
fils de Louis XVI. On l'a arrêté sans droit, on a saisi
ses papiers ; l'ordre est donné de l'expulser de France.

C'est ainsi qu'on veut l'empêcher de suivre son procès devant ses juges naturels.

S'adresser à Votre Majesté, Sire, pour la répression d'un acte inconstitutionnel, c'est être assuré qu'elle fera mettre sur-le-champ en liberté le prince au nom duquel nous protestons.

Nous sommes, Sire, avec le plus profond respect,

de Votre Majesté,

Les très humbles et très obéissans serviteurs.

Signé GRUAU, *avocat, ancien procureur du roi ;*
BOURBON-LEBLANC, *avocat-consultant ;*
XAVIER-LAPRADE, *avocat ;* BRIQUET, *avocat.*

Paris, le 28 juin 1836.

IMPRIMERIE DE E.-J. BAILLY ET Ce,
PLACE SORBONNE, 2.

www.ingramcontent.com/pod-product-compliance
Lightning Source LLC
Chambersburg PA
CBHW071518030726
47593CB00003B/1327